BATIK FANTASTIK

A Batik-inspired pattern coloring book

Allie Vane

In the mood for more coloring fun?

Check out my other coloring books on Amazon,

amazon.com/author/allievane

or visit **AllieVane.com** to download free previews and more!

P.S.: Hey, if you love this book?

Please share it with anyone else you think would like it.

Have yourself some happy, creative coloring fun! :)

Thanks!

THIS COLORING BOOK BELONGS TO

Made in United States
Troutdale, OR
04/14/2025

30587833R00058